KB054141

세기의 책들 20선

천년의 지혜 시리즈
NO.4

경제경영 편

결코, 배불리 먹지 말 것

최초 출간일 1812년

성공과 행복을 이루고 싶다면!

결코, 배불리 먹지 말 것

200년 동안 왜 이 책은 절판되지 않았을까?

미즈노 남보쿠 지음 · 서진 편저

SNOWFOX

천년의 지혜 시리즈 소개

A Thousand Years of Wisdom

1. 총 도서 검토 기간 :   1년 6개월

2. 출간 후보 도서 검토 종수 :   1만 2천 종

3. 확정된 시리즈 전체 출간 종수 :   20종

4. 최초~최근 출간 기간 :   1335년~2005년

5. 최소, 최대 출간 언어 수 :   2개 언어~38개 언어 출간

6. 최소, 최대 판매 부수 :   20만 부~2천 만 부 판매

7. 최소, 최대 개정판 출간 종수 :   37판~3,843판

8. 시리즈 출간 기간 :   1년 3개월 (2023년 12월~2025년 3월)

9. 출간 분야 :

     첫 번째 시리즈   : 경제경영 (2023년 12월 : 4종 동시 출간)
     두 번째 시리즈   : 자기계발 (2024년 5월 : 6종 동시 출간)
     세 번째 시리즈   : 에세이   (2024년 8월 : 3종 동시 출간)
     네 번째 시리즈   : 인문   (2024년 12월 : 3종 동시 출간)
     다섯 번째 시리즈 : 철학   (2025년 3월 : 4종 동시 출간)

스노우폭스북스 『세기의 책들 20선, 천년의 지혜 시리즈』는 지난 수 세기 동안 출간된 책 중에서 현재 널리 알려진 여러 가르침과 기본적인 사상을 만든 책들을 찾아 엄선해 출간했습니다.
이 귀한 지혜들을 파생시킨 '최초의 시작'을 만든 책들을 하나로 규합해 출간함으로써 지혜와 더 깊은 통찰에 목마른 우리 모두에게 '읽을거리'를 제공하고자 했습니다.
이로써 가벼운 지금의 '읽기'에서 보다 깊이 사유하는 '읽는 사람'으로 변화되는 일을 만들어 나가고자 했습니다.

청년의 지혜 시리즈 NO.4

SINCE 1812

책 소개 / 편저자의 말

이 책의 편저에서 가장 중요하게 다룬 요소는 원문이 훼손되지 않는 것이었습니다. 이 책의 원문은 미즈노 남보쿠가 1812년에 쓴 『남북 상법극의수신록 최초 구어역 판』이며 문화 9년 임진년의 기록입니다.

책은 몇 개의 번역 프로그램을 통해 각 3회에 거쳐 번역 완성도를 대조한 뒤, 일본어 능력 1급 자와 현지 문법 전문가에게 검수를 거쳐 원문의 원고 신뢰성을 확보했습니다.

편저자로서 현재 대중 리딩체제에 맞게 편히 읽히도록 글의 체제를 교체했으며 읽는 순간 직관적으로 이해되면서 기존 원문이 가진 짧은 호흡으로 읽히는 단점을 보완해 편집했습니다. 한자나 고전 언어처럼 의미가 깊게 함축된 문장은 그 뜻을 모두 찾아 의미가 두각돼 읽힐 수 있도록 하되, 글이 지나치게 풍성하게 부풀려지지 않도록 절제에 힘썼습니다.

이 책은 식(食)을 가려 먹는 것과, 절제해서 먹는 일이 어떻게 인생 전체를 다스리고 인간의 행복과 성공을 결정짓는가를 철저하게 깨닫게 합니다.

미즈노 남보쿠는 관상가로서 세상에 이름을 널리 알렸지만 중년 이후로는 음식의 절제를 강조하고 가르치는 것으로 성공과 부의 철학을 가르치는 스승으로 생을 마감했습니다.

이번 천년의 지혜 시리즈를 기획하고 편저로 참여하면서 그 중 첫 번째 책으로 이 책을 출간한 것은 이 책이 '성공과 인간의 행복의 밑거름이 돼 주는 기본 철학을 다루고 있다'고 판단했기 때문입니다.

이 책『결코, 배불리 먹지 말 것』의 편저자로 한문장 한문장 곱씹고 깨달으며 글을 쓰는 동안 책에 담긴 가르침을 가장 먼저 얻게 된 것은 매우 감사한 일이었습니다.

그러고 보니, 생명은 음식과 직결되기에 '먹는 음식이 인격이다'라는 요즘 말에도 꼭 들어맞는 이치가 아닐 수 없었습니다.

저자는 우리 인간이 태어날 때 이미 하늘에서 정해진 음식의 할당량이 있다고 말합니다. 출세와 가정의 행복, 장수와 건강한 신체를 두루 갖춰 일생의 번민을 없애는 방법으로 음식의 절제를 강조하는 이 책의 모든 지혜는 그 자체로 다른 책과 완전히 구별되는 독창성이며 탁월함입니다.

이로써 여러분의 삶에 이 책이 도움될 수 있기를 간절히 바라는 마음을 담았습니다.

편저자 서진

서문

★

저는 오랫동안 관상을 보는 것을 직업으로 삼고 살았습니다.
그러나 관상을 판별하는 능력에 앞서
인간의 길흉화복이 음식에 있다는 것을 알지 못했습니다.
단지 얼굴의 생김새만으로 운의 좋고 나쁨을 판단한 것이죠.

세상에는 부자와 지위가 높은 사람의 얼굴을 하고 있으면서
가난하고 짧은 수명과 명예롭지 못한 인생을 살고 있는 사람이 많
습니다.

반면에 가난하고 단명하는 얼굴을 갖고 있으나
부유하고 높은 지위에 오르고
장수하는 사람도 많습니다.
이렇듯 타고난 관성보다 더 중요한 것이 있음을 깨닫게 된 것입니다.

많은 이들이 음식의 중요성을 알지 못했고
절제에서 오는 축복과 부와 평화를 얻지 못하는 것이 안타깝습니다.

인간의 운이 좋고 나쁨, 행복과 불행은 단연
먹고 마시는 것을 절제할 수 있느냐 없느냐에 따라 결정된다는 것을
하루빨리 깨달아야 합니다.

이 깨달음을 세상 사람들에게 전달하는 것은
너무나 중요한 일입니다.
저는 3천 명의 제자가 있으나 음식의 절제를 아는 것이
관상과 이치와 운을 점치는 것을 아는 것보다
언제나 더 중요하다는 것을 가르치고 있습니다.

그리고 이 방법을 실제로 실천한 사람들이
어떻게 자신의 운명을
완전히 새롭게 스스로 만들어 변화시키는지
모두가 실제하는 증거를 보고 있습니다.

큰 재앙을 겪은 어떤 이가 있었습니다.
그는 어려서부터 가난했지만
부단히 그 가난에서 벗어나고자 힘썼고
좋은 아내와 자식 둘까지 얻어 자기 스스로 이룬 것들을

뿌듯하게 바라보며 살았습니다.

그러나 중년이 되었고 모든 노력이 조금 느슨해졌습니다.
술과 고기도 더 자주 찾고 일도 조금 덜 하며
맛있는 음식을 찾는 날이 많아졌습니다.

하지만 그가 이룬 것은 그의 운이나 관상의 생김새를
뛰어넘는 것들이었고 그것은 그가 절제하고 노력해
운명을 바꿔놓은 결과였습니다.

이런 것을 모르고 음식과 술에 무절해지니
타고난 명이 다시 그 자리를 메워 버렸습니다.
작게 운영하던 그의 점포는 지방 관리 눈 밖에 나
어처구니없이 빼앗겨 버렸고
아내는 마음에 깊은 병을 얻어
자리에 드러눕고 말았습니다.
두 아들은 시내에서 벌어진 싸움에 휘말려
관가에 끌려 가 감옥에 들어가고 말았습니다.

그는 비참한 얼굴로 나를 찾아와 자신의 운과
앞으로의 인생이 어떻게 흐를 것인지 듣고 방비하려고 했습니다.
하지만 나는 그에게 그 어느 것보다 먼저

음식을 단호하게 절제하고
술과 고기를 멀리하고 맛있는 음식을 배불리 먹지 않으면
이 모든 일이 저절로 해결될 거라고 말해 주고 돌려보냈습니다.

그는 이런 가르침을 허투루 듣지 않았고
더 큰 고비를 넘겼을 뿐 아니라
오히려 더 행복하게 살게 되었습니다.

평생 가난한 생활을 할 인상을 가진 사람이
음식을 절제해 상당한 부를 얻었을 뿐 아니라
세상에도 크게 기여한 사례는 결코 적지 않습니다.

오랫동안 병약하고 명이 짧을 것으로 여겨졌던 사람이
아침저녁으로 음식을 절제하고 단단히 관리한 결과
몸과 마음이 건강해지고 장수하고
있는 사람도 적지 않습니다.

이런 사례는 지난 수십 년 동안 반복적으로 일어났고
이제는 함께 있는 제자들뿐 아니라 지방 곳곳에서
가르침을 청해오고 있습니다.

그 후로 나는 사람의 관상을 볼 때

그 사람의 식생활 상황을 먼저 물어봅니다.

그의 식생활에 따라 그 사람의 일생 운이 좋고 나쁨,

행복과 불행을 알려주는데 한 번도 실패한 적이 없었기에

더더욱 사람의 운명이 모두 음식으로 결정된다는 것을 확신합니다.

따라서 나는 이 법칙과 하늘의 기운을 가늠하는 기준을

나의 관상판단법의 비결로 정하고

말로써만 전하는 것을 넘어

내 스스로 솔선수범해 실천하고 있습니다.

평생 쌀밥을 입에 대지 않고

한끼에 보리 다섯 숟가락만 먹기로 한 것입니다.

술은 어려서부터 내가 즐기고 매우 좋아하는 즐거움이지만

이것 역시 절제해 하루 한 잔으로 정하고 있습니다.

이런 실천은 나 하나만을 위한 것이 아닙니다.

세상 사람들이 이 책을 참고하고 하루라도 빨리

음식을 절제하고 미래의 출세와 장수와 생활의 행복을 얻기를

간절히 바라기 때문에 모두를 위한 행동입니다.

문화 9년 임진년

미즈노에사루

contents

I.

음식 먹는 것으로
그대의 가난과 역경,
성공을 알 수 있다

여기서 말하는 중요한 것은

몸을 혹사하지 않는 정도의 음식을 먹는 것입니다.

육체노동자처럼 몸을 많이 쓰는 사람은 그 작업 정도에 따라

꼭 먹어야 할 최적의 식사량의 정도가 있습니다.

또한 몸의 크기나 그 기운의 많고 적음, 약함에 따라

그가 먹어야 할 식사량도 달라집니다.

부자든 가난한 사람이든

세상에 태어나면 각자의 몫을 갖고 태어납니다.

운이 좋은 사람은 하늘이 먹을 것을 내려 줍니다.

하늘은 그 생명과 먹을 음식을 함께 내려 줍니다.

그러므로 생명이 있으면 밥이 있고

밥이 있으면 생명이 아직 있는 것입니다.

생명이란 음식에 달린 것입니다.

음식은 생명의 원천이며 평생의 행운과 불운이 모두

음식에서 비롯돼 나오는 것입니다.

그렇기에 무엇보다 조심히 다뤄야 하는 것이 음식입니다.

절제해야 할 것이 음식입니다.

타고난 기질과 자신이 필요로 하는 음식의 양보다
적은 양을 먹는 것이 바로 운명을 갈고 닦는 일입니다.
음식을 절제하는 사람은 타고난 인상이 좋지 않아도
운이 좋은 사람이 많습니다.
그는 늙어 행복해지거나 수명이 짧지 않습니다.
따라서 태어나면서 받은 할당량보다 더 많은 음식을 받게 되고
더 많이 먹을 수 있게 되니 자연히 수명이 길어지는 것입니다.

좋은 인상을 갖고 있지만 음식을 절제하지 않고 산 사람은
여러 면에서 부족함이 계속되고 생로병사가 끊이지 않으며
늙어서까지 불행해집니다.
여기서 말하는 절제란 적게 먹는 것 외에도
규칙적인 식사가 포함됩니다.
잠들고 일어나는 시간이 하늘의 태양이 뜨고 지는 시간에
맞춰 있지 않는 사람은
먹는 시간도 먹는 양도 절제된 규칙이 없습니다.

이런 사람은 하늘로부터 받은 타고난 할당량보다
더 먹지 못하고 오히려 줄어듭니다.

결코, 배불리 먹지 말 것

자기가 갖고 태어난 양만큼 먹고사는 사람은
운이 좋고 나쁨이 없고 그 좋고 나쁨이 없는 것이
관상으로 얼굴에 모두 드러나 있으며
특별히 좋은 것도 나쁜 것도 없이 살아갑니다.

그러나 인상이 나쁘지도 좋지도 않으며
자기 양만큼 먹고사는 것도 아닌,
자신에게 주어진 할당량보다 더 많이 먹고 사는 사람은
아무리 인품이 좋은 사람일지라도
불행한 내면의 번뇌가 끊이지 않습니다.
절제하지 않아 온 까닭에 가정도 파괴됩니다.
또 지금을 넘는 출세나 발전이 없습니다.

이런 사람 중에 가난한 사람이라면 고생만 평생 하다
성공이란 것은 단 한 번도 해 보지 못하고
평생 남을 원망하며 나라님을 욕하며 삽니다.

결코, 배불리 먹지 말 것

인품이 좋아도 결국 음식을 절제하지 못하면
그 내면의 덕(德)도 없어지고 세월이 더 흐를수록 아무 좋은 것도
그 마음에 남지 않게 됩니다.
비록 가난한 관상을 가졌어도 절제하는 사람만이
장수하고 더 먹을 수 있으며 행운을 이어가게 되는 것입니다.

먹는 양을 엄격하게 조절하는 사람은
비록 인상이 좋지 않아도 출세할 길이 열리며
그 출세로부터 따라온 행운까지 얻습니다.
평생 가정이 안정되고
그로부터 늙어서도 운이 좋은 사람으로 남게 됩니다.

적게 먹고 음식량을 엄격하게 조절하는 사람은
그 행운의 덕으로 하려는 많은 일이 두루 잘 풀리며
이상하리만큼 적절하게 맞아떨어지며 계획한 일이 잘 돌아가게
됩니다.
약해 보여도 병에 걸리지 않는 노년은 덤으로 얻게 됩니다.

먹는 양이 일정하지 않고 규칙적이지 않으며
때때로 많이 먹으며 폭식하는 사람은
아무리 관상이 좋아도 불운을 항상 함께 갖고 있게 됩니다.

평생 안도감을 얻지 못하는 것입니다.

과식으로 음식을 절제하지 않거나 불규칙적이고
아무 때나 음식을 먹는 사람은
평생 생활이 불안정합니다.
결국 가정은 파괴되고 무엇보다 병에 걸리게 됩니다.
작은 병이 이곳저곳으로 옮겨 다니다
결국 큰 병으로 한데 모여 큰 병으로 몸을 칩니다.
거기에 관상까지 좋지 못하면 점차 불행한 일들이 겹쳐 일어나
좋은 죽음을 맞지 못하게 됩니다.

먹는 양을 조절해도
폭식처럼 불안정해 지는 날이 많으면
하늘에서 받아 온 행운의 몫도 불안정해집니다.
먹는 양이 일정해야 하늘의 복도 안정됩니다.
엄격하게 음식을 통제하고 따르면서 저절로 얻게 된 통제력이
멀리 떨어져 있던 행운을 내 것으로 끌어오는 것입니다.
주인을 잃고 방황하던 행운이
새로운 주인을 찾아 다니다 나에게 오는 형국이 되는 것입니다.

아무리 부자라도 주인이 폭식하면 그 집안은 오래가지 못합니다.

또한 그 주인을 따라 하인들도 폭식하기 시작하면

그 집은 바람보다 빨리 망하게 됩니다.

주인이 통제하지 않고 절제하지 않으며 불규칙적이면

하인들은 주인보다 더 빨리 통제력을 잃고

게을러지며 살이 찌고

자신의 좋은 성품도 잃게 돼

그 집이 망하지 않을 수 없습니다.

아내가 과식하는 경우는 남편과 다툼이 끊이지 않습니다.

부부관계는 끊어지고 정은 시들어 버립니다.

여성이 많이 먹는 사람이면 남편은 저절로

덜 먹게 되거나 적당히 먹게 됩니다.

여자는 점점 성미가 급해지고 남편과 대립하는 일이 많아집니다.

남편이 강하면 대립하지 않아도 부부관계는 소원해집니다.

먹는 양을 조절하던 사람이 먹는 양이 흐트러지고

불안정해지면 문제가 생길 징조입니다.

그럴 때는 빠르고 엄격하게 자신을 통제하면

문제가 호전됩니다.

집안 경제가 어느 정도 안정된 사람이라도
날마다 사람을 불러 모으고 미식에 빠져 절제하지 못하면
집이 망할 때가 왔다는 것을 명심하십시오.
또는 주인이 은퇴할 징조입니다.

외모가 정갈하고 잘 갖춰져 보여도 식습관이 엉망인 사람은
그 정갈함이 오래가지 못하거나
잠시 잠깐 그 용모를 유지하는 것일 뿐
마음이 엄격하지 못한 사람일 뿐 아니라
반드시 허세꾼이며 겉치레만 하는 사람이니 멀리해야 합니다.

항상 소식하는 사람이 병에 걸리기 시작할 때 식사를 거르면
혈색이 좋아도 죽는 경우가 많습니다.
이것은 식사가 끝나 자연히 죽는 것이기 때문에
죄가 없으며 병에 걸려도 고통이 없습니다.

신분이 높아도 신분이 낮은 사람처럼
조잡스럽고 망측한 음식을 좋아하며
그것을 즐겨 찾아 많이 먹는 사람은 마음이 천박할 뿐 아니라
수명도 타고난 명보다 더 빠르게 줄어듭니다.

결코, 배불리 먹지 말 것

사람은 모두 하늘에서 받은 먹을 양이 정해져 있습니다.
그렇다 해도 명운을 스스로 더 좋게 하고
행운을 불러올 수 있는
하늘의 복이 바로 음식 절제에 있으니
신분이 낮은 사람은 균형이 올바른 식사를 기본으로 하고
채소가 많은 식사하기를 불평하지 않아야 합니다.

신분이 높은 사람은 거친 음식을 먹지 않아도 되나
그렇더라도 늘 절제하고 균형 잡힌 식습관을 들여
더 적게 먹으면 그 복과 운이 집에 계속 거할 것입니다.

이렇게 되면 그 집안에 먹을 수 있는 복이 더 늘어나게 됩니다.
이렇게 늘어난 먹을복은 자손에게까지 물려 줄 수 있게 됩니다.
이 바탕에서 그 자신은 행복하게 살며
늙어도 병에 걸리지 않습니다.

살아 있어도 음식을 먹을 수 없게 되는 사람들이 있습니다.
수명이 길고 짧음을 외모로 판단하는 것은 어려운 일입니다.
그렇기에 평소의 식습관을 보고 판단하는 것이
혹시라도 있을 잘못된 판단을 막아주는 길입니다.
그러니 관상을 보는 사람이나 운을 판단해 주는 사람이라면

그 병자의 운명을 판단하는데 앞서

먼저 평소 식습관을 물어야 할 것입니다.

무병장수할 관상이라도 젊어서부터

매일 맛있는 음식을 찾기 좋아하는 미식가는

나이가 들면 위장병에 걸리게 됩니다.

관상이 좋다고 운이 좋을 것이라고 착각하면

결코 안 될 것입니다.

늙어서까지 행복 하고 싶은 사람은

젊어서 하루라도 빨리 절제된 식생활을 하면

수명을 다할 때까지 만족스러운 삶을 누릴 수 있는 것입니다.

하늘의 운이라는 것이

이렇듯 움직일 수 있는 길이라는 사실을 알면

자식이 없는 사람이라도 절제하고 살았을 때

꼭 아이가 없다고 말할 필요가 없습니다.

늙어서라도 반드시 좋은 입양아를 얻을 수 있기 때문입니다.

어려서부터 절제된 식습관을 가지고 있었다면

하늘에서 받게 되는 음식의 양이 천지에 퍼져

자손에까지 반드시 반영되고

그 자신도 그로부터 만족을 얻게 됩니다.

자신이 죽어도 자신이 쌓아놓은 음식의 양을

자손이 받게 되기 때문입니다.

그렇게 얻은 조상의 음식의 양에

후손 역시 절제하는 식습관을 가지면

부와 성공과 행운과 행복이 두루 깃든

얼마의 평온한 삶을 살게 되는 것입니다.

하지만 이렇게 좋은 유산을 얻어 태어난 후손이라도

절제하지 않는 식습관을 계속하면 그 내려진 음식은

정해진 것보다 더 빠르게 줄고 없어져

스스로 행운과 복을 없애는 형국이 되는 이치입니다.

부유한 사람이라도 먹을 음식량이 모두 차면 사라집니다.

부자라도 가난한 사람처럼 절제해 먹으면

자신의 먹을 음식량이 남을 뿐 아니라 더 많아집니다.

옛말에 교만한 사람은 그 처세가

오래가지 못한다는 말이 있습니다.

아무리 행복한 사람이라도 식사는 반드시 절제해야 합니다.

그렇지 않으면 그 행복은 결국 작아지거나 사라집니다.
다만 절제된 식사가 그 모든 것을 지킬 수 있는 것이며
생명을 유지하는 것입니다.

비록 가난하고 수명이 짧아도
사려 깊게 음식이나 물건, 자신의 소유물을 아껴서 사용하면
스스로 하늘과 땅으로 뻗어나가 그만큼의 행복과 생명을
늘리게 되는 것이 하늘의 이치입니다.

앞으로 크게 성공할 관상을 가진 사람이
술과 음식을 좋아하고
일을 게을리하면
타고난 발전의 복을 먼지로 바꾸는 사람이며
자기에게 주어진 복의 몫을 스스로 갉아먹는 사람입니다.

식사는 모든 인간의 발전의 원천입니다.
이런 것을 함부로 먹어 치우면
결국 성공과 발전의 기회의 근간을
잃게 될 것입니다.

음식이란 결코 가볍게 여겨서는 안 됩니다.

음식은 두려운 것입니다.

음식은 사람에게 있어 기적을 가르는 것입니다.

늘 과식하는 사람은 한 끼 식사에서 배를 가득 채워야

식사를 끝낸 것으로 여깁니다.

그래서 병에 걸리기 시작하면

곧바로 먹지 못하게 되는 일이 다반사입니다.

늘 많이 먹어 오던 사람이 먹지 못하게 되니 괴롭고

더 크게 고통스러워합니다.

먹을 수 없게 된 일이 낭패로 여겨지고

이내 큰 문제로 생각되기 때문입니다.

그러다 곧 죽습니다.

그러나 평소 소식해 오던 사람은 음식이 풍요롭습니다.

적게 먹어도 충분하므로 병으로 덜 먹게 돼도

스스로 견딜 수 있기 때문입니다.

병이 길어져도 먹지 못하게 되는 일은 없습니다.

생명이 끝나도 하늘에서 받은 음식의 할당량이 없어지지 않듯

먹을 수 있으면 생명이 아직 남아 있는 것입니다.

그래서 쉽게 죽지 않습니다.

결코, 배불리 먹지 말 것

그러므로 적게 먹는 사람은 큰 병에 걸리지 않고
죽을 때도 고통스럽게 죽지 않는 것입니다.

먹는 양을 적당하게 정하고 조절하며 매일 먹는 사람이라도
자신이 받은 원래의 할당량보다 더 많이 먹는 사람은
발전할 관상을 가졌어도 발전하지 못합니다.

많은 월급을 받을 수 있는 관상을 가졌다고
남보다 더 많은 월급을 받지 않는 것처럼
부유하고 아무리 좋은 복이 많은 관상을 가졌어도
자신이 하늘로부터 받은 음식의 할당량 이상을 먹지 못하는 것이
이치입니다.

윗사람에게는 윗사람의 식사가 있고
아랫사람에게는 아랫사람의 식사가 있습니다.
아랫사람이 윗사람의 좋은 음식과 그만큼의 양을 먹으면
윗사람을 흉내 내는 것일 뿐이며
만족을 겉으로 맛보는 것일 뿐
아무런 이득이 없습니다.

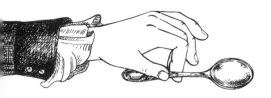

그렇다고 윗사람의 지위가 되는 것이 아니며
흉내 내고 있다고 해서 존귀해지는 것이 아니기에
지위가 더 오를 일도 없는 것입니다.

또한 태어난 환경 안에서 가만히 잘 있다고 해도
잘 먹고 잘사는 일은 쉽지 않습니다.
오로지 검소하고 과식하지 않으며 절제된 생활을 할 때라야
하늘에서 주어진 음식의 할당량을
조금 더 늘려 살 수 있는 것입니다.
더불어 이런 이치를 바탕으로 출세하는 것입니다.

의식주를 풍족하게 하고 가진 것을 모두 써서
편리함과 편안함으로 치장하는 사람이 출세를 바라는 것은
가장 어리석은 일입니다.

물질적으로 부족해도 정신적으로는 충만할 수 있습니다.
물질적으로 모든 것을 만족하는데 정신까지 만족하는 것은
이 세상에 없는 것입니다.

언제나 자신이 가진 것보다 적게 사용하고
아껴 사용하며 적게 먹는 절제에서만
성공과 발전과 지복이 흐르게 되는 것일 뿐입니다.

사람이 고귀해지기도 하고 천하게 되기도 하는 것은
모두 음식을 절제하느냐 하지 못하느냐에 달려 있습니다.

세상에 이름을 알린 고귀한 신분의 승려는
저절로 된 것이 아닙니다.
모두 먹고 싶은 대로 먹지 않고 절제해 온 까닭입니다.
만약 그가 절제하지 않고 누가 보지 않는 곳에서
폭식을 해 왔더라면 하늘이 반드시 미워할 것이고
그 누구도 존경하지 않는 사람이 됐을 것이 틀림없습니다.

누구라도 자신에게 주어진 음식의 할당량보다 많은 먹는 사람은
그 운이 좋을 수 없습니다.
아무 때나 먹고, 규칙적이지 않으며

때때로 폭식을 일삼는 사람도

그 운에서는 다를 것이 없습니다.

이런 사람들의 특징은 모든 일이

뜻대로 되지 않는다는 점입니다.

또한 예상치 않은 손실이 곳곳에서 자주 일어난다는 것입니다.

애초에 하늘이 주는 음식은 그 양에 한계가 있습니다.

이보다 더 많이 먹으면 날마다 하늘에 빚을 지고 있는 것과

다를 바 없습니다.

결코, 배불리 먹지 말 것

이미 먹어 치운 음식은 모두 똥이 되어

다시는 세상으로 돌아오지 않습니다.

그러면 언제 이 빚을 갚겠습니까?

사람이야 빚을 독촉하지만 하늘은 독촉하지 않을 뿐 아니라

오히려 그 빚을 대신 갚아주기까지 합니다.

빚이란 결국 갚아야 하는 법입니다.

만약 이 빚을 당신이 갚지 못하면

자손이 갚게 되는 것입니다.

자손이 없으면 그 집을 멸망시켜 가계를 끊어 버립니다.

하늘에서 빌린 것은 하늘의 방식으로 갚게 되는 법입니다.

이것이야말로 천지의 이치입니다.

그러므로 자신이 받고 태어난 음식의 할당량을

벗어나 먹지 않아야 합니다.

그것보다 적게 먹고 절제하면 음식의 양은 더 많이 늘어나

애초에 받은 것보다 더 길게 먹을 것이 풍족해지지만

그 양을 모두 채우면 행운은 고사하고

불행이 가득하다 힘들게 죽게 되며

그 양보다 더 많이 먹으면 가정과 자손까지 망치게 되며

예기치 못한 재앙과 손실이 일어나니

이보다 더 중요한 법이 어디 있겠습니까?

이것은 모두 하늘이 우리 자신을 가르치는 방식이니
오히려 행운을 가져다주려는 것으로 감사히 새겨야 할 것입니다.

큰 어려움을 겪을 관상을 가졌어도
항상 음식 앞에서 겸손하고 식탐을 부리지 않으며
엄격하게 통제하는 사람은 곤경에 처하지 않습니다.
이와 반대로 폭식하거나 불안정한 식습관을 가진 사람은
반드시 액운이 찾아옵니다.

술과 고기를 많이 먹어 비만이 된 사람은
평생 출세하거나
지금보다 나은 인생을 살게 될 기회가 적습니다.

절제하지 않으면 그 누구라도 늙어서 불행이 찾아옵니다.
그도 그럴 것이 술로 인해 피가 많아지고
마음은 느슨해질 수밖에 없습니다.
느슨해진 마음을 가진 이가 그 인생을 발전시키는 일은
세상에 없는 것입니다.

술과 고기를 먹지 않아도 맛있는 음식은 많이 먹을 수 있습니다.
마찬가지로 과식하거나 폭식하는 사람은

결코, 배불리 먹지 말 것

배불리 먹고는 마음을 늘어뜨립니다.

자연스레 졸음도 몰려오니 마음이 느슨해지고

정신도 신체도 마음도 점점 더 침체해 갑니다.

결국 그런 것들이 병을 몰고 와 죽음을 맞이하게 됩니다.

번영되고 부유한 곳에는 육식이 일상화돼 있습니다.

생물을 죽여 그 고기를 먹는 사람이 많습니다.

따라서 사람의 기질도 자연히 거칠어질 수밖에 없습니다.

살아 있는 생물을 죽여 그 고기를 먹고 즐기는 일이

거친 것은 당연한 일입니다.

반면 산촌에서는 거친 음식을 먹는 사람이 많습니다.

땅에서 나고 자란 것을 소중히 여기게 될 뿐 아니라

음식의 종류 또한 곱게 손질된 것보다

있는 자연소생 그대로 거친 것들이 많습니다.

따라서 사람의 기질도 온화하며

나쁜 기질을 가진 사람이 적습니다.

도시에는 단명하는 사람이 많고

산속에는 장수하는 사람이 많은 것도 모두 이런 까닭입니다.

아이의 관상이 가난하고 악한 인상이 있어도
부모의 행동으로 개선할 수 있습니다.
물론 그런 관상이 인과응보에 의한 것일 수도 있습니다.
다만 이 악의 밧줄을 풀기 위해서는 음덕을 쌓는 것 외에는
다른 방법이 없습니다.

나는 날마다 먹어야 할 음식의 절반을 먹지 않는 것으로
내 몫을 천지 만물에 남겨주며 연명하고 있습니다.
나는 이미 수십 년 전에 죽을 운명이었으나
고승의 말씀을 따라 거친 음식을 먹고 절제하며
음덕을 나눠 준 것으로
지금껏 살아 죽을 운명을 빗겨 난 사람입니다.
이것이야말로 진정한 세상의 음덕이 아닐 수 없습니다.

이렇게 날마다 음식을 절제하고 그렇게 남긴 음식으로
음덕을 쌓으면 자손의 악업을 풀고
동시에 자신의 악운을 제거할 수 있음은
천지간에 분명한 일입니다.

효자로 살아갈 관상을 가진 사람도 평생 폭식을 계속하면
결국 병에 걸려 부모님이 주신 선물인 생명을 잃게 됩니다.
세상에 이보다 더 큰 불효는 없습니다.

따라서 음식을 절제하고 이를 엄격하게 통제하는 것은
자기 자신만을 위하는 일을 넘어
부모에 대한 효행의 기본이 되는 것입니다.
또한 어버이의 자식 사랑이며
배우자에 대한 지극한 사랑입니다.
밖으로는 나라에 대한 책임이며
이는 큰 사람이 되기 위한 으뜸가는 덕목을
갖추는 일인 것입니다.

음식을 절제할 줄 아는 사람은 비록 배움이 짧아도
무릇 사람이 마땅히 걸어야 할 길을 걷는 일이나
그 길에 복이 더해지지 않을 수 없는 것입니다.

이렇듯 사람의 관상에 따라 길흉화복을 논하지 않고

자기 장례 출셋길이 어떠할지 알고 싶다면

우선 식습관을 관리하고

자기에게 필요한 양보다 적게 먹을 것이며

이것을 엄격하게 통제하고 따르면 됩니다.

이것을 쉽게 조절할 수 있는 사람은

그 출세를 따로 말할 필요 없이

크게 대성할 운명인 사람인 것이고

그것이 어려운 사람은 평생 쉽게 출세하기 어려운 사람이니

더욱 각별히 유의하여 절제를 스스로 만들어 나가야 합니다.

비록 부잣집의 가세가 기울고 망했어도

만약 후대의 누군가 자신의 식단을 검소하게 유지하고

식사를 줄여 아끼며 살다 죽음이 가까워지면

천지개벽이 일어나 그 집안이 다시금 수입이 늘고

번영을 향해 나가게 됩니다.

그가 복을 지었기 때문입니다.

비록 빈곤한 관상이라도 실제 빈곤한 사람처럼

식사를 균형 있게 하고 엄격하게 통제하면

빈곤은 그 얼굴의 관상에 아랑곳하지 않고 사라져 버립니다.

면죄부를 얻은 것이고 그에 상응하는 금은보화를 얻은 것입니다.

이것을 가리켜 자복자득(후손이 번창하고 스스로 만든 복)이라고

하는 것입니다.

2.

음식과
지금 내가 처한
삶의 이치들

관상가로 이름을 알렸으면서

사람의 운과 운수 대통의 길은 이야기 하지 않고
'왜 음식과 관련된 가르침만 강조하는가?'하고
의아해하는 사람들이 있습니다.
그 이유를 묻는 이도 많습니다.

많은 이가 운의 좋고 나쁨과
운에 좋은 행동과 좋지 않은 것들을
듣고 싶어 한다는 것을 잘 압니다.

하지만 성공을 돕는 '운'이라는 것이
결국은 몸과 마음을 다스리고 천하를 다스리기 위한
왕도에 관한 것이라는데 그 이유가 있습니다.

심신을 기르는 그 근원이 바로 음식이기 때문이며
이것을 엄격하게 절제할 수 있을 때라야
심신 또한 통제할 수 있는 것이기 때문입니다.
심신을 엄격하게 통제할 수 없다면
천하 역시 다스릴 수 없을 뿐 아니라

작게는 자기에게 주어진 어떤 자리나 위치도

지속해서 가질 수 없으며

다스릴 수도 없기 때문입니다.

이것이 내가 음식에 대해 계속 강조하는 이유입니다.

곡간에 음식이 넘치고 있어도

절제해야 하는가에 대해서도 묻는 이가 많습니다.

음식이란 사람의 생명을 먹여 살리는 것이니

충분히 사용해도 되는 것이 아닌지 묻는 것입니다.

또한 이렇게 음식을 절제하기만 하다

오히려 음식에 대해 욕심만 커져

식탐을 키우는 늪에 빠지는 것이 아닌가 하는 것입니다.

허나 사람의 생명을 먹여 살리는 음식이라도

대식가라면 그것은 불행을 자초하는 일입니다.

폭식 해도 마찬가지입니다.

그것은 초목에 비료를 과하게 주는 일과 다를 바 없습니다.

넓은 논, 밭에 비료를 과하게 주면 잘 자라기는커녕

죽고 말지 않습니까?

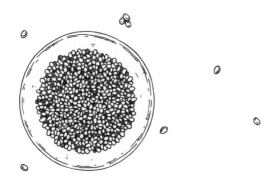

사람도 그렇습니다.

과하게 먹는 것은 생명을 살리는 것과 완전히 반대되는 것으로

오히려 인명을 해치는 일입니다.

알맞은 비료를 줄 때 풀과 나무와 곡식이 잘 자라는 것처럼

사람도 알맞고 적당하게 먹을 때 자연히 장수하게 됩니다.

그러니 생명을 상하게 하는 일이 될 수 없습니다.

이런 하늘의 이치를 알고서도 폭식을 하는 사람은

자신의 선하고 맑은 생명을 표적 삼아

불화살을 쏘는 것과 같습니다.

음식을 폭식하는 것은 모두 천한 마음에서 일어나는 일입니다.

이것이 불교에서 말하는 아귀도(餓鬼道 중생이 깨달음에 이르지 못하고 윤회할 때

지은 업에 따라 태어나는 6가지 세계 중 하나) 즉, 재물에 인색하거나 음식에 욕심

이 많은 자가

　죽어서 가게 되는 곳으로

　늘 굶주림과 목마름으로 괴로움을 겪는 곳과 똑같은

　눈앞의 아귀도라 말할 수 있는 것입니다.

또한 이것이야말로 인면수심 (人面獸心·사람의 얼굴을 했으나 그 속은 짐승과 같음)
과 다를바 없습니다.

'사람이 먹을 수 있는 여러 음식을 먹지 않고
보리와 야채, 국수도 충분히 먹지 못하는 것은
살아있는 배고픔과 굶주림이며
슬픈 일이 아니냐며 내게 묻습니다.

그렇다면 황제의 식사는 어떠합니까?
황제께 바치는 음식도 쌀입니다.
황제 아래 있는 존귀한 사람들의 음식도 쌀입니다.
이것은 두려운 일 아닙니까?
하루 세 번 먹어도 만족하지 못하고
보리를 먹으니 굶주린 사람이라고 생각하는 것은
자신의 신분을 제대로 알지 못하는 일 아닙니까?

자신을 들여다보세요.

우리 정도의 사람은 두부 찌꺼기를 먹어도

황제의 식사에 견줬을 때 신분에 넘치는 식사입니다.

이것을 알면 쌀과 보리를 먹을 수 있다는 것이

얼마나 더없이 감사한 일입니까?

신의 축복을 얻기 위해서라도 보리라는 곡물 겉모습에 얽매어

지나치게 생각하는 것은 삼가야 할 것입니다.

이루고 싶은 비상한 꿈이 있습니까?

그래서 더 잘 먹어야 하고 기분을 좋게 유지하기 위해

술과 음식을 즐겨야 할 것 같습니까?

여기저기 활기차게 뛰어다녀야 자기 꿈을 이룰 수 있으니

'음식을 든든히 먹는 것은 기본이다'라고 생각합니까?

굶거나 음식을 통제하면 기운이 없고 힘이 빠져

일이 잘 풀리지 않는다고 생각합니까?

속된 말로 기운이 넘친다는 것은

자연스럽지 못하다는 뜻이 될 수도 있습니다.

무리하게 일을 감행하는 것을 말할 수도 있습니다.

술과 고기에 만족하며 폭식하고 활기찬 모습으로 출세하는 것은

원래 천운을 거스르는 것이라 오래가지 못합니다.

오직 겸손하게 입신양명(자기 뜻을 확립하고 이름을 드날린다는 뜻으로, 사회적으로 인정받고 유명해지는 것)할 때라야 오래가는 법입니다.

식사의 절제라는 것은 보통 사람에게는 매우 어려운 일입니다.
배가 모두 차지 않은 상태에서 숟가락을 내려놓는 일은
보통 사람에게 힘든 일이나
성공과 출세, 발전과 행복, 하늘의 운과 부귀영화,
자식과 가문의 안정,
건강하고 긴 수명을 바란다면
못 할 것도 없는 일 아닙니까?

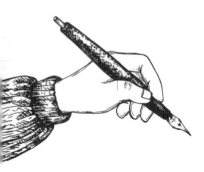

어려서부터 운이 좋아 큰 부와 행운을 누렸으나

최근 들어 운이 나빠지고 해마다 재산이 줄고

무엇을 하든 운이 따르지 않아 고통스러운 상황이라면

이 일에서 어떻게 벗어날 수 있겠습니까?

이런 사람은 젊어서부터 만족스러운 삶을 살아왔기 때문에

스스로 운이 나빠지는 행동을 알지 못합니다.

일찍이 부족함 즉, 절제를 배운 것이 없기 때문입니다.

생활을 바르게 하지 않았거나 불규칙적으로

먹고 자는 일을 계속해 온 사람은

아무리 비상한 재주를 가졌어도

다른 이에게 지속적인 존경심을 얻지 못합니다.

존경심을 얻지 못하는 비상한 재주꾼은

그 스스로는 뛰어날 수 있으나

사업이나 부를 일궈낼 수 없습니다.

따라서 지금부터라도 절제를 배운다면

다시금 좋은 기운을 이을 수 있습니다.

이렇듯 스스로 절제하지 않으면 결국 하늘이 나서서

결핍의 경지에 이르게 하는 것입니다.

하늘이 결핍을 내릴 때는 고통이 많습니다.

그러나 스스로 부족하게 지낼 때는 고통이 적고

충만함으로 가득 차는 시기가 빨리 찾아옵니다.

비상한 재주로 젊어서부터 이름을 알리고

그를 따르는 사람은 추앙받는 것에 익숙해

감사함을 되돌려 주지 않은 이도 많습니다.

작은 물건이라도 받는 일이 많았던 사람은 그것을 당연하게

여기다 가난한 벌을 받게 되는 것입니다.

그는 일찍이 복을 받았지만, 그 복을 다룰 줄 몰랐던 것입니다.

누군가 지속적으로 배려를 나타내도 그것을 당연하게 여긴 사

람은

큰 복을 스스로 헤치는 꼴이 되는 법입니다.
몇 해에 걸쳐 자신을 돕고 지원해 준 누군가 있다면
세상에 없는 복을 얻은 경우입니다.

하지만 받는 것을 익숙하고 당연하게 받기만 하다
그 돕는 마음을 바닥까지 긁어 쓴 꼴이라
사람으로 온 복이 지쳐 떠나고 마는 것입니다.

세상에 자신을 돕는 한 사람이 있는 사람은
무엇으로도 다시 일어설 기회를 얻은 셈이나
그 복을 당연하게 여기거나 권리처럼 행동하다
스스로 복을 차 버린 셈이 되는 것입니다.

이런 사람이 나이 들어 가장 많이 하는 실수가 바로 '말'입니다.
자신도 모르게 줄어든 재산은 불평과 불만의
'말'의 값과 같습니다.
칭찬이나 감사함의 말이 아닌 불평과 불만의 말과
후회와 괴로움의 말을 많이 내뱉는 사람 곁에서는
좋은 사람이 견디지 못합니다.

따라서 스스로 절제하지 않아 생긴 불행과
감사함을 되돌려 주지 않고 지속해서 받아온 안일한 행동,
불평과 불만 감사함 없는 말이 모여
나이들수록 가난하게 되고
곁에 깊이 있는 좋은 사람이 남아나질 못하니
말년은 지금보다 더 비참해 질 일만 남은 것과 같습니다.

관상에서 원래 가난하고 교만한 인상이 드러나 있는 사람이

부를 가진 경우가 있습니다.

이것은 그가 원래 재물이 있는 사람이 아니었으나

스스로 벌어들인 복입니다.

그러므로 이런 사람 역시 본래의 가난한 마음과

작은 것에도 반드시 감사하고

자신의 형편에서 할 수 있는 것들로 답례하는

겸손한 인간으로 돌아가면

이룬 부를 계속 지킬 수 있고

더 큰 복도 얻을 수 있게 되는 것입니다.

그 근본을 잊고 교만한 마음을 키우면

그 교만한 마음 때문에 어려움에 처하게 되는 것입니다.

근본을 잊은 사람이 갈 길을 잃는 것은

너무나 당연한 일 아닙니까?

일을 할 때 작은 물건이라도

함부로 소모되지 않는지 점검하고

만약 그런 일이 있다 해도 하인을 꾸짖지 말되

먼저 자신이 절제하고 불필요한 소비를 하지 않아야 합니다.

또한 하인과 다를 바 없는 식사를 해야 합니다.

자신이 이렇듯 행동하면 하인도 그 마음에 겸손을 품고

주인을 따라 운을 불러 모으는 마음가짐을 가진 사람이 됩니다.

만약 그렇게 해도 집안의 운이 다시 커지지 않으면

하인에게는 삼시세끼 음식을 모두 주되

자신은 삼시세끼 모두를 챙기지 말고

식사를 줄여 절제하고

그렇게 3년이 지나면 집안의 모든 운은 다시 상승하니

틀림없음을 시험해 보기 바랍니다.

최근 몇 년 동안 잦은 병치레가 계속됐을 뿐 아니라

생활까지 궁핍해졌고 많은 친척이 있지만

아무도 도와주는 사람이 없다고 하소연하는 이가 있었습니다.

거두절미하고 그 사람의 잘못은

사람에게 의지하려는 마음가짐입니다.

사람 각 개인의 길흉화복은

자신의 겸손에 따라 달라지는 것뿐입니다.

남의 일은 남이 알 바가 아닙니다.

또한 세상에는 가족 외에도 나를 지켜 주는 이가 많습니다.

농부들은 오곡을 만들어 우리에게 공급해 주고

장인들은 여러 도구를 만들어 줍니다.

상인들은 사람에게 필요한 것들을 만들고 제공합니다.

하늘부터 서민에 이르기까지 모두가 이렇게

자신을 지켜주고 있는 것입니다.

이렇듯 귀하게 제공되는 물건들을 낭비하고

쓸데없는 비난과 원망을 마음에 품어 두고

음식까지 함부로 먹어왔으니

아무리 인품이 좋아도 천리(天理 하늘의 이치)에 어긋나는

일을 해 온 것입니다.

결국 오장육부가 부패하고 독이 쌓여

병에 걸린 것이 당연한 일일 수밖에 없는 것입니다.

이것은 만물의 덕을 알지 못하고

스스로 불러온 재앙입니다.

왜 다른 사람이 당신에게 관심을 가져야 합니까?

더구나 스스로 자신을 업신여기는 사람을 말입니다.

깊이 절제하고 절약하고 절약하는 것부터 3년을 지키고 나서

삶이 어떻게 바뀌었는지 들려주러

다시 나를 찾아오라고 말해 주었습니다.

가업을 이어받거나 가업을 일구는 사람이라면
특히나 더더욱 절제를 중요하게 다뤄야 할 것입니다.
가업을 일구는 일이라며 여러 사람을 만나
술과 고기를 즐겨하다 보면
그것이 누적되고 쌓여 핵심을 벗어난 뜬구름 잡기식 생각만 커져
바른길로 가업을 이끌지 못하고 외진 길로 빠지기 쉽습니다.

더불어 많이 먹는 것 자체는 마음을 느슨하게 풀어 놓겠다고
아예 드러내는 것과 다를 바 없습니다.
자연히 몸도 무거워질 테니 마음이야 오죽해지겠습니까?
그러니 집안일도 게을리할 수밖에 없어집니다.

오늘도 내일도 몸이 계속 피곤하니
적당히 일하고 쉬게 되는 날이 많아집니다.

이렇게 하루하루가 더해지면
그날이 얼마나 많은 날 수가 됩니까?
결국 가업이 잘 될 리 없습니다.
몸도 병에 걸리게 되겠지요.
이 모든 것이 절제하지 못하는데다
음식까지 지나치게 더해진 것이 원인입니다.

음식에 엄격한 사람은 다른 모든 것에도 엄격해지기 쉬워집니다.
음식 절제를 하는 사람은 다른 생활 역시
그 절제된 틀에서 짜이고 관리되기 때문에
갑자기 벌어지는 위태로운 상황이 만들어지지 않습니다.
마음이 엄격하지 않으면 가업에 힘쓰고 싶어도
실행할 수가 없는 것입니다.
그러므로 모든 일의 기본이 음식 절제라는 것입니다.

사람에게 먹는 것만 한 즐거움이 없다고들 합니다.
'먹고 싶은 것을 먹지 않고 세상 사는 게
무슨 의미가 있느냐'고도 합니다.

정말 그렇습니까?

먼저 이뤄야 할 것이 맛있는 음식 먹기 밖에 없습니까?

태어나 출세하는 길을 만드는 것이 먼저 아닙니까?

출세하고 즐길 수 있을 만큼 재산을 얻은 후에 비로소

음식과 음료를 더 질 좋은 것으로 바꿔 즐길 수 있으면 됩니다.

처음부터 먹고 마시는 즐거움을 극한으로 매일 즐기고 사니

하늘에서 나이들수록 가난해지는

가난의 고통을 주시는 것입니다.

입은 화장실의 입구입니다.

일단 입으로 넣은 것은 다시 내뱉어도 더럽습니다.

똥과 다를 것 없으며 똥과 같습니다.

맛있고 좋은 음식을 화장실에 버린다고 생각해 보세요.

그런 일을 하는 사람은 없습니다.

아무리 천하에 몹쓸 사람이라도

음식을 똥통에 갖다 버리는 짓은 하지 않습니다.

그런데 그것과 같은 것이 바로 음식을 마구 입에 넣는 것입니다.

배부르도록 입에 넣고 삼키는 것은

화장실에 음식을 가져다 버리는 것과 같다는 뜻입니다.

이 얼마나 끔찍한 일입니까?

안타깝게도 이런 이유로 지위가 높고 부자인 사람 중에
단명하는 이가 많은 것입니다.
지난 고생을 보상이라도 하듯,
가난했던 시절을 잊어버리고
자신이 만든 '천하태평을 즐기겠다'라는 생각으로
기름지고 귀한 음식을 찾아 배불리 먹는 일이 잦으니
그 부는 서서히 부서져 결국 와장창 무너져 버릴 때까지
가 버린 것입니다.

이미 망가진 몸에 부를 잃은 분노가 더해지니
그 생명이 소실되지 않고 버틸 리 없던 것이지요.
대단한 것은 오히려 가난한 이 중에
장수하는 사람이 많다는 것입니다.
배를 곯을 정도를 일컫는 것이 아니라
끼니 정도는 먹을 수 있지만 모든 것을 풍족하게
꾸릴 수 없는 정도의 사람 말입니다.
이 점을 깊이 성찰할 필요가 있음을 일러두겠습니다.

자신이 가난한 것이 모두 운이 없어서 그런 것 같아서
열심히 하느님께 기도하면 그 소원이 이뤄질까요?
천일천야를 기도해도 스스로 성실한 마음이 없으면
천지를 뒤흔들어도 신께 그 기도가 닿지 않습니다.
신에게 가는 기도는 성실함이 가마이자 마차와 같기 때문입니다.

가마도 마차도 없이 '천 리 길을 걸어가겠다' 하면
도착이나 할 수 있습니까?
만약 간절하고 진실한 마음으로 기도하겠다는 결심이 섰다면
그 기도하는 시간의 열 배만큼 성실하게
생활한 다음에 해야 합니다.
그러면 그것이 어떤 소원이든 반드시 이뤄질 것이니
내 말을 시험해 보기 바랍니다.

애초에 음식이란 생명을 먹이는 근본입니다.
그러므로 음식을 신께 바치는 것은
곧 자신의 생명을 바치는 것과 같습니다.
밥 3공기를 먹는 사람이라면 2공기만 먹고
나머지 1공기는 신께 바친다는 마음으로
기도하고 줄여 나가십시오.
그것이 공양입니다.

매일 밥상에 놓이는 밥 한 숟가락은 신께 바치겠다고 기도하고
두 숟가락만 담아 먹도록 하십시오.
이 한 숟가락을 신은 다정하게 받아 주십니다.

신은 정직한 머리에 거하시는 분이시니
혼탁한 마음을 가진 사람은 받아주지 않습니다.
다만 진실한 마음을 가진 사람의 뜻을 받아주시니
그런 이가 간청하는 소원은 이뤄지지 않는 것이 없습니다.

한 끼에 한 공기를 먹어야 배가 차는 사람이라면
끼니마다 밥 두 숟가락을 먼저 덜어낸 다음
밥을 먹도록 하십시오.
이렇게 덜어낸 밥을 신께 먼저 공양드리는 기도를 하고
모았다가 짐승이나 새에게 다시 베푸는 것은
하늘도 매우 기뻐할 일입니다.

이렇게 조금이라도 음식을 남겨 자신이 믿는 신불에게 바쳐
살아있는 것들에게 나눠주는 것이 음덕이므로
신도 기꺼이 기뻐하시는 것입니다.
자비로운 행동이기에 그렇습니다.

    그렇다고 이것을 위해 따로 음식을 만들어 베푸는 것은 죄가 됩니다.

    자신이 먹는 것을 절제하고 베푸는 것만이 진정한 음덕입니다.

    할 수만 있다면 끼니마다 절제하여

이것을 실천하기를 바랍니다.

이런 것은 배도 편하게 할 뿐아니라

건강을 덤으로 주기까지 합니다.

당연히 큰 병에 걸릴 염려도 없습니다.

세 끼 식사 중에 한 끼를 절제하여 음덕으로 쌓을 수 있다면

그것이라도 좋습니다.

이렇게 쌓은 음덕의 음식은 자신이 태어날 때

하늘이 정해준 음식의 할당량을 늘리는 행위입니다.

바로 이것을 바탕으로 출세하십시오.

그렇다고 스스로 덕을 늘리려고

일부러 수작을 부리지는 마십시오.

그러면 하늘에서 복덕이 찾아오지 않습니다.

점쟁이가 말하기를 당신은 매우 좋은 사주팔자를 타고났고

두루두루 모두가 행복해질 것이며

운도 좋은 사람이라고 하던가요?

그런데 왜 지금은 가난하고 생활이 궁핍한 걸까요?

이유가 궁금합니까?

편안한 얼굴을 띄고 인상이 좋은 사람에게 물어보면

행복하고 좋은 환경에 있다고 말하는 사람이 많습니다.

얼굴은 살아있는 답안지 같은 것입니다.

이쯤되면 더 말할 것이 없습니다.

운 나쁜 사람도 자기 절제에 따라 살면

행복한 얼굴을 한 사람으로 변한다는 것입니다.

운이 좋게 태어난 사람도 겸손이 부족하면 가난한 사람이 되고
불행한 얼굴을 한 사람으로 변한다는 것입니다.

그러니 얼굴만 보고 그 사람의 길흉화복을
점처주기를 중단한 것입니다.
사람이 절제할 때는 운 좋은 얼굴을 하고 있다가
절제하지 않는 시절에는 불운한 얼굴로 바꿔버리니
내가 만난 그 시절의 관상만으로 상대를 판단하는
관점에서 말해봐야 큰 의미가 없음을
알게 됐기 때문입니다.
시절에 따라 변하는 것이 관상이기 때문입니다.
따라서 나는 사주를 근본으로
앞날을 판단하는 일도 거의 하지 않기로 했습니다.
다만 세상의 명덕과 이치를 설명하고 심신을 안정시키는 것이
내가 해 주는 거의 유일한 일이 되었습니다.

내가 인물을 보고 길(吉)하다고 하면 그 사람은
나의 이 말에 기대어 크게 기뻐하며
지금껏 쌓은 덕을 해치는 짓을 하니 그만둔 것입니다.
또 내가 흉(凶)에 관해 이야기하면
이 말에 마음을 굴복해 노력을 포기하니

스스로 더 많은 흉(凶)을 만드는 일을 하는 사람도 많기 때문입니다.

이렇듯 기개를 쉽게 잃는 것은
소인배에게 흔히 일어나는 일입니다.
따라서 사주팔자에 따라 길흉화복(吉凶禍福)을 판단하며
단정 짓는 것이 좋지 못한 일입니다.
점쟁이에게는 그저 자기가 절제하며 생활하면
어떤 일이 일어나겠는가만 물어볼 일입니다.

자신의 인상이 가난하고 불행한 얼굴을 하고 있다고 생각되면
절제를 통해 천지의 덕을 쌓는 것을
최우선 과제로 삼아 지내십시오.
이렇게 하면 가난한 사람도, 불운한 얼굴을 한 사람도,
인상이 험악한 사람도 운 좋은 얼굴을 한 사람으로 바뀌고
실제로 좋은 운이 계속 따라붙으며 흉(凶)도 길(吉)로 바뀔 것입
니다.

인생이 모두 먹고, 먹고 살기에 달려 있기는 해도

유교의 오상 인의예지신 [仁義禮智信] 즉,

도를 지키지 않고는 스스로 다스릴 수 없다고들 생각합니다.

어떻게 생각하십니까?

네 맞습니다.

그러나 오상(五常)이라는 것은 삶의 기술입니다.

하지만 사람이 살고 죽는 기본은 천지의 덕입니다.

즉 생명은 하늘의 덕입니다.

그러니 덕을 기르는 것이 땅의 덕이기도 합니다.

따라서 우리를 길러주는 것은

천지의 풍요로운 들판에 있는 것입니다.

이런 천지의 덕을 깨닫게 되면

자연스럽게 부모의 은덕을 알게 되는 것입니다.

부모의 은덕을 알게 된다는 것은

모든 것의 존중을 드러내게 하니

이렇듯 진정한 음덕이란 오곡백과(다섯 가지 곡식과 백 가지 과일이라는 뜻. 흔히 수확의 계절인 가을에 나오는 풍성한 식재료를 가리킨다)라고 해서 더 먹지 않는 것입니다.

작은 것 하나라도 낭비하지 않고

아껴서 쓰는 것이 진리의 음덕입니다.

세상 사람들은 한 알의 오곡이 땅에 떨어져 썩는 것을 보고

슬퍼하면서도 맛있는 음식이 있다면

배가 불러도 한 그릇 더 먹어 똥을 만드는 일에는 무감각합니다.

이런 것을 두고 자기 자신을 모른다고 하는 것입니다.

식사 초대를 받아 간 곳에서 주인이 차려 내 준 상 위에 음식을

모두 비워야 예의라고 생각할 수 있습니다.

이것은 도덕이 아니라고 말입니다.

그렇습니까?

나의 대답은 '그렇지 않다'입니다.

오히려 이렇게 생각하는 것은 큰 잘못입니다.

이미 배가 부르지만 남겨진 음식이 아깝다고 생각해서

남기는 것은 낭비라고 생각합니까?

그래서 배 속에 넣어야 한다고 생각하겠지만

이것이야말로 큰 착각입니다.

언뜻 보기에 음식을 낭비하는 것처럼 보여도

결코 그런 것이 아닙니다.

오히려 양보가 될 수 있으며 때론 자비가 되기도 합니다.

남겨진 음식이 어떻게 처리될 것인가는 주인에게 맡기십시오.

그 주인의 덕(德)에 따라 처분되도록

관여할 필요가 없는 것입니다.

다만 자기 자신을 살펴야 합니다.

배가 불러도 입에 넣는 것이야말로 낭비입니다.

낭비를 하는 사람은 자신의 덕(德)을 헤치는 사람입니다.

이렇게 해마다 자신의 덕(德)을 해치고 있으니

출세하는 사람이 적고 가난에 빠지는 사람이 많은 것입니다.

조금이라도 낭비되는 일에 일조하지 마십시오.

이것이야말로 진정한 득(德) 이요, 음덕이니

이렇게 쌓아가다 보면

필경 좋은 소식이 찾아올 것입니다.

겸손하지 못하여 만물을 처참하게 죽이고
함부로 다루면 사람도 고통스럽게 죽는 것을 면할 수 없습니다.
이 모든 천지의 생명 또한 전생과 이어져
지금에 존재하는 것들인데
지금 내가 인간이라 하여 우월한 교만을 갖고
함부로 죽이니 그럴 수밖에요.

천지는 만물을 만들어 지금 인간으로 태어난
나를 구원해 주고 있습니다.
그런데 이런 감사함을 모르고 함부로 대하는 사람은
천지를 경시하는 것과 똑같습니다.
이런 사람이 늙어서 고통스럽게 죽는 것은
지극히 당연한 자연의 이치 아니겠습니까?
길가에서 쓰러져 죽거나 객사해도 이상해야 할 것이 없습니다.

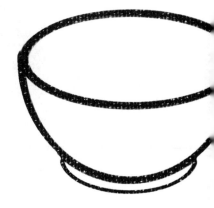

3.

음식과
사람의 운은
하나로 연결된다

우울한 날이 많고

식욕도 거의 없어서

자신을 걱정하는 사람이 있습니다.

음식을 잘 먹어야 몸과 마음을 키울 수 있는데

그렇지 못하니 이것이 병일지 걱정하는 것이지요.

그러나 이 사람은 이미 충분히 먹은 사람입니다.

이미 만족감을 느낄 만큼 먹었기 때문에 식욕이 없는 것입니다.

배가 고프지 않고 식욕이 적은것 같다면

식사 끼니를 줄이면 그만입니다.

세 끼를 먹었다면 두 끼만 먹을 일입니다.

두 끼를 먹었었다면 한 끼로 줄이면 될일입니다.

음식의 양을 줄이면 적은 양으로도 더 맛있게 먹을 수 있게 되고

식사도 더 잘하게 될 뿐입니다.

이렇게 식사를 절제하면 식욕이 없다고 할 일이 없어집니다.

그래도 식욕이 없으면

하루 동안 음식을 먹지 않는 것도 좋습니다.

하루 꼬박 굶기를 자주 하다 보면

반찬 없이 소금만 있어도 맛있게 먹게 될 것입니다.

절제하지 않고 무슨 음식이든 충분히 먹는 사람은

어떤 맛있는 음식을 먹어도 그 맛을 더 풍족하게 느끼지도 않고

아주 맛있는 음식이라는 생각도 하지 못합니다.

사실 음식이 배에 가득 차 있지 않을 때

기분이 좋고 건강한 느낌이 든다는 걸 여러분도 잘 알 것입니다.

이것을 알면서도 폭식하는 것은

불에 뛰어드는 걸 좋아하는 날벌레나 같은 이치입니다.

아무리 절제해도 아이가 없어서, 물려 줄 자손이 없어서,

내가 사는 동안에 모아둔 재산을 모두 써야 하고

풍족하게 모두 누려야 한다고 생각하는 이도 있을 것입니다.

'죽어서 무슨 영화가 있겠냐' 말하며

살아서 '나는 이 모든 걸 누리겠다' 하는 것이죠.

하지만 이것을 알아야 합니다.

사람은 불생불멸(不生不滅 생겨나지도 않고 없어지지도 않고 항상 그대로 변함이 없음)

이라는 것입니다. 또한 한 번 이 세상에 태어난 사람에게는

인과응보가 있다는 것입니다.

현세에서 악을 행하면 다시 태어날 때

그 보응의 업을 업고 태어난다는 것입니다.

선을 행하는 것 역시 다시 태어날 때 업으로 갖고 태어납니다.

그 업에 전생의 선에 대한 보답이 담겨 있습니다.

이때 그 은혜를 받는 것입니다.

이것으로 무엇을 알 수 있습니까?

현세에서 쌓은 것은 모두 미래로 돌아가

그 덕을 갖고 다시 태어난다는 것입니다.

그래서 무서운 것이 현세입니다.

그러므로 현세에서 먹고 마시는 것을 절제하고

무엇이든 낭비하지 않고 음덕을 쌓는 사람은

그 자리에서 부처가 되는 것, 즉 자신을 구하는 것입니다.

스스로 행동하지 않고는 구원의 길은 없습니다.

84

결코, 배불리 먹지 말 것

어려서부터 식습관을 절제해 왔으며

가난했어도 아내와 자식을 먹여 살리는 데 최선을 다했지만

아직 가난에서 벗어나지 못한 이가 있었습니다.

이 이유 때문에 절제된 식생활의 효용성에 의문을 가졌습니다.

이 사람은 처음 날 때부터 하늘로부터 할당받은 음식량이

적은 사람이었습니다.

세상에 음식을 구걸할 얼굴상이기도 했습니다.

다행히 어릴 때부터 절제된 식생활을 해온 덕분에

음식량이 많아져 평생 구걸할 염려가 없어진 것입니다.

만약 타고난 체질대로 먹을 것을 끝없이 욕심냈더라면

많은 양을 받아 태어났어도 금세 바닥났을 것이고

구걸할 신세를 가진 상이었습니다.

그는 외로움의 얼굴을 하고 있었으나 좋은 자식을 얻었습니다.

자식은 늙어서 먹을 것을 나눠주는 원천이 됩니다.

설령 부유하게 살았어도 자식 없는 사람은

노년이 되면 가난해지기 쉽습니다.

그러나 이 사람은 어려서부터 절제된 식사를 해 온 덕분에

노년에 자식에게 의지할 수 있는 복을 얻었고

먹을 것을 구걸할 염려 또한 없어졌으니

아직도 가난하다는 것을 붙잡고 한탄할 필요가 없는 것입니다.

다만 자신의 신분에 걸맞게 만족해야 한다는 것을 명심하고

앞으로도 계속 절제에 힘써 타고난 할당량을 늘려

자손에게 물려 줘야 합니다.

덕이란 모두 내가 쌓는 것이며 오롯이 내 것입니다.

결코 남의 것이 되지 않으니 안심해도 됩니다.

사람은 모두 각자 자기만의 신체적 특성이 있어서

크고 작음과 강하고 약한 기운이 다릅니다.

따라서 먹는 양이라는 것 역시

그 비율에 따라 달라지는 것입니다.

밥을 두세 그릇 먹는 사람도 있고

네 다섯 그릇을 먹어야 배부른 사람도 있습니다.

이렇듯 사람마다 가진 특성에 맞게 식사량을 정하는 것은

매우 좋은 일이나, 다만 조금이라도 적게 정하는 것이 좋습니다.

예를 들어 두 그릇을 먹어야 배가 부른 사람이라면
그 양에 8등분을 먹는 것입니다.
절제하지 않는 사람은 이런 기준 없이 먹기 때문에
음식이 배에 고이게 됩니다.
이것은 고스란히 숙변이 되겠지요.
이런 음식 찌꺼기는 언제나 만병의 근원이요,
비운의 근원입니다.

어른으로 잘살고 있고 자식까지 있어도
병든 사람 중 거의 다수는 음식을 절제하지 않은 사람이 많습니다.
이 얼마나 무서운 일입니까?
부모와 자식과 손자, 손녀 3대에 걸쳐 드리우는 구원은
절제에 있습니다.

염불하는 고승의 고귀함은 한없이 큽니다.
그러나 아무리 염불하는 대승이라 해도
과식하고 과음하며 염불로 쌓은 자신의 덕을 해치고
천지의 덕을 낭비하면 세상 사람의 존경을 얻지 못합니다.

많이 먹는 승려는 집도 없고 기거할 절도 없이
누더기를 걸치고 항상 먹을 것이 부족해
여기저기서 먹을 것을 구하게 됩니다.

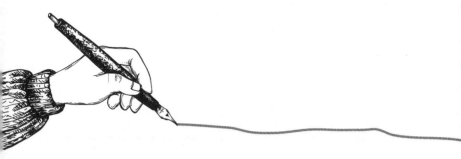

세상에서 자기 몸을 절제하는 것보다 더 귀한 것은 없습니다.
이런 이는 과거의 악업도 술술 잘 풀려나갑니다.
그러니 현세의 행복이 오고
죽을 때도 평온하게 죽을 수 있게 되는 것입니다.

죽는 것이 편안하면 후세에도 편안하게 살 수 있게 됩니다.
이 때문에 불법(佛法 부처님의 가르침)에 음식을 절제하고
제안하는 수행법이 있는 것입니다.
현세를 이용해 후세를 구하기 위함인 것입니다.
이렇듯 3대를 살리기 위해서라면 음식을 절제하는 것보다
더 확실한 방법은 없습니다.

나는 염불을 즐거합니다.

그러면서 음식을 절제하지 않는 것은

부처님 뜻에 맞지 않는 일로 가르치고 있습니다.

하지만 많은 지식인들은 불교의 법의(法義 불법의 근본)를 따르는 일은

먹고 마시면서도 이롭게 할 수 있다고 말합니다.

그래서 음식의 절제를 가르키는 나를 두고

'곡학아세(曲學阿世 학문을 굽혀 세상에 아첨하거나 정도를 벗어난 학문으로 아첨하는 말)하

는 이가 아닌가?' 하는 사람들이 있습니다.

불교가 무엇입니까?

불교는 마음을 안정시키는 것을 기본으로 하고 있습니다.

그렇다면 먹고 마시는 것을 절제할 때 마음은 어떠합니까?

고요하고 흐트러짐이 없지 않습니까?

그런 마음으로 있으니 성취되기를 바라는 것들이

저절로 이뤄지지 않겠습니까?

음식을 넘치게 먹으면 어떻습니까?

자연스럽게 마음이 흐려지고

자신도 모르게 기(氣)도 무거워지지 않던가요?

그 바탕에서 방황하는 마음이 생기고

그 방황하는 길에서 성취에 도달할 수 없지요.

이 때문에 불교 수행자는 음식을 줄이는 것이며

대승 중에는 아직도 아침 외에는

먹지도 마시지도 않는 이들이 있는 것입니다.

밤낮으로 염불을 외운다고 해도 마음이 흔들리고 방황한다면

어떻게 부처님의 뜻을 따를 수 있습니까?

그러니 일반 승려라도 세끼 중에 한 끼를 줄이고

그 한 끼를 부처님께 공양하고 염불을 외면

마음이 고요해지고 안정되며 부처님의 뜻을

따르는 길이 되는 것입니다.

세상에 이름을 알리려고 절제에 힘썼지만

운이 점점 나빠져 계속 큰 어려움에 처해 있다고 해 봅시다.

이런 것을 보면 결국 '운에 달린 것이 아닌가?'

생각이 들 수 있습니다.

알아야 할 것은 이것입니다.

한 가지 재주가 뛰어나며 절제가 굳건해도

하늘은 때로 큰 곤궁을 주기도 한다는 것입니다.

이것은 계속 그 길에 정진하라는 하늘의 가르침입니다.

이미 하나의 특출한 재주를 얻은 사람은
더 이상 갈고 닦음을 하지 않고 중단하는 경우가 매우 많습니다.
그러나 하늘은 그 특별한 재주를 닦는 일을 더 정진하여
마침내 천하에 그 이름을 떨치게 돕는 것이니
그 큰 뜻을 헤아릴 줄 알아야 할 것입니다.

소인배들은 마음이 금방 흐트러져 절제하지 못하고
툭하면 하늘을 원망하여 평생을 방황하다
뜻을 이루지 못하는 일이 다반사입니다.
또한 절제한다고 말해도 실상은 음식의 절제를
깊이 이해하지 못하니 안타까울 노릇입니다.

비록 태생적으로 작은 몸을 갖고 태어난 사람이라도
소식하고 먹는 것을 절제하며 엄격하게 통제해야 할 것입니다.
이런 사람은 마음의 흐트러짐이 없어
작은 몸으로도 자신이 원하는 것을 이루고
덩치 큰 사람도 아랫사람으로 부리는 복을 누리게 될 것입니다.

이렇게 마음이 흐트러지지 않으면
어떤 일이든 깊은 본질을 꿰뚫어 보는 힘을 얻게 되니
어떤 일에서든 극에 달할 수 있음은 의심의 여지가 없습니다.

그러므로 먼저 먹고 마시는 것을 절제하고
그 위에 선한 일을 행해 돌고 도는 행운을
불러들여야 할 것입니다.
행운은 세상 여기저기로 돌아다니며
돌고 도는 형국을 하고 있음을 알아야 합니다.

더불어 행운과 불운이라는 것이
모두 자기가 한 일에 따라 기필코
찾아오는 것이란 사실을 알아야 합니다.
운은 언제든 보답합니다.

결코, 배불리 먹지 말 것

좋은 일, 선한 일을 하면 그 은혜가 돌아옵니다.

불운도 이와 같아서 이것이야말로 천지의 이치입니다.

운이란 것은 모두 이동하고 움직입니다.

비록 작은 선(善)만을 베풀어왔어도 이것이 차곡차곡 쌓여

그것이 운으로 드러날 때

자신이 원하던 것이 천하의 대업이라도 이룰 수 있게 될 것입니다.

바로 이 시점에서 더 이상의 가난은 없어질 뿐아니라

가난이라는 적도 사라지는 시점이 되는 것입니다.

옛말에 '선한 사람에게는 가난이 없다'라는 말이

괜히 나오는 것이 아닙니다.

어려서부터 운이 나빴다고 생각한 이가 찾아왔습니다.

자신은 평생 천운이라는 걸 받아 본 적도 없는 것 같다고 했습니다.

자신의 관상을 깊이 들여다보고

숨김없이 모두 이야기해 달라고 청해왔습니다.

사실 그 사람뿐만이 아닙니다.

세상에 많은 사람이 자신은 운이 없다고 한탄합니다.

하지만 사람으로서 운이 없는 사람은 없습니다.

또한 '운이 나쁘다'라는 말은 없습니다.
목숨이 다할 때라야 운이 없어지는 것입니다.

생명이 있는 한 누구에게나 행운은 있는 것입니다.
다만 살아 있는 동안 더 많은, 좋은 운을 얻고 싶거든
아침 일찍 일어나십시오.
아침에 일어나 하는 모든 일에 정성을 다하고
모든 만물이 소생하는 새벽의 강한 기운을
온몸으로 모두 누리십시오.
또한 음식을 절제하는 것을 그 습관에 더하면
원하는 것이 천리(天理)에 이뤄지고 점차 운이 열릴 것입니다.

운이란 사람 됨됨이에 따라 이리저리 달라지는 것이 아니라
자신의 마음을 하는 일에 얼마나 집중했는가에 따라
달라진다는 것을 기억하십시오.

절약에 힘쓰는 일 때문에 사람들 사이에서 욕을 먹고

하인들을 교육하는 것에도 어려움을 겪을 수 있습니다.

누군가는 절약하는 일을 그만두라고 조언하기도 하고

그러다 보면 '그만 둘까'라는 생각이 들 수도 있습니다.

그렇다면 생각해 봅시다.

절약이 인색한 행동입니까?

사람들은 절약하는 것을 인색한 사람으로 여기는 경향이 있습니 다만

이런 생각이야말로 옳지 않은 발상입니다.

진정한 절약의 차이를 구분하지 못하고

그저 모든 것을 작게 줄여서 하는 행동일 줄 착각하는 것입니다.

다만 절약을 잘 못 사용하는 주인이 되면 안 됩니다.

하인들이 먹을 음식을 제한하는 것은 절약이 아닙니다.

다른 사람보다 월급을 덜 주고 부리는 것은

절약이나 검소함이 아니라 인색한 것입니다.

그런 주인 밑에 있는 하인들이

주인 몰래 음식을 더 먹고 감추는 것이며

돈을 훔치거나 주인이 없으면 언제든 그 즉시 흐트러집니다.
또한 주인 없는 곳에서 주인을 험담하기 일쑤니
세상 사람들이 주인을 나쁜 놈이라고 생각하게 됩니다.

이런 사람이라면 절약이 더 이상 절약이 아닙니다.
절약해서도 안 되는 사람입니다.

이런 경우가 아니라면 천지의 덕이 담긴 만물을
낭비하지 않는 것이 매우 올바른 처신입니다.
또한 먹고 마시는 것을, 절제하는 마음가짐을,
기본으로 놓고 절약까지 염두에 두면
집이 안정될 뿐 아니라 집안이 평안해지고
그 집안사람 모두 이 일을 실천하면
세상 사람들의 존경까지 저절로 모이게 될 것입니다.

음식을 절제하면 혈색이 좋아지는 것이 사실입니다.
그러나 '운이란 것은 저절로 열리는 것이 아닌가?'라고
생각하는 사람은 음식이 근본적으로 몸을 살리는
원천이기는 해도 운과는 상관없는 일로 생각합니다.

이것은 하나를 알고 둘은 모르는 일입니다.

음식을 절제하면 몸이 건강해질 것을 알면서

건강해진 몸에서 기(氣)가 저절로 열리는 것은 알지 못하니 말입니다.

이렇게 몸과 기(氣)가 열려야 마음도 함께 열리는 것이며

이것으로 운이 열리는 것입니다.

누구라도 삼 년을 절제하면 없던 운이 드러납니다.

건강해지며 머리와 마음이 맑아져

하는 일마다 큰 힘을 두루 발휘하게 되니

성공과 출세는 당연한 열매일 뿐 저절로 열리게 되는 것입니다.

이런 이치가 들어맞지 않으면 세상에 신도 없는 것입니다.

어려서부터 나쁜 짓을 하지 않았지만
세상 사람들이 알아주지도 않고 도움도 주지 않는 것은
다만 절제가 부족했기 때문에 벌어진 일입니다.
절제가 부족한 사람은 만물을 다스릴 수 없습니다.

하찮게 여겨 물건을 함부로 대하고
쉽게 버려왔기 때문에 그 만물의 대가가
자연스레 자신에게 돌아온 것입니다.
생명은 곧 음식입니다.
생명과 같은 음식은 어디에서 옵니까?
세상에서 옵니다.

그 세상은 땅이고 하늘입니다.
그러니 모든 물건은 그 재료가 되는 땅에서 얻은
생명입니다.

그럼에도 함부로 물건을 쓰고 버려왔으니
세상 만물이 그 행동의 대가를 돌려준 것뿐입니다.
세상 만물이 등을 돌린 사람에게
사람도 등을 돌려 그를 버리는 것은 당연한 일일 뿐입니다.
평생의 운수 대통이 모두 절제 즉 생명에 달려 있기 때문입니다.

결코, 배불리 먹지 말 것

내가 단명할 사주를 하고 있어도

절제를 실천하면 장수할 수 있다고 말하는 것을 두고

'그렇다면 생명을 이렇듯 자유자재로 바꿀 수 있다는 말인가?'하고

의심하는 이가 있습니다.

생명이란 것은 원래 불생불멸(不生不滅)입니다.

길고 짧음이 없는 것입니다.

그저 마음가짐이 올곧게 가득 차 있는 동안은 죽지 않는 것이니

이런 사람을 선비라고 부릅니다.

마음 아래 있는 단전에 올곧음이 가득 차 있는지는

모두 음식의 절제에 달려 있으니

수명이란 것도 움직이는 것이 아니겠습니까?

더불어 거친 식사만큼 중요한 것은 소금입니다.

소금은 몸을 튼튼하게 하기 위한 것이며 덕과 같습니다.

소금을 함부로 많이 먹는 사람은

아무리 인품이 좋아도 수명이 짧아지고 단명하게 되니

살림이 궁핍해지는 것은 당연한 결과입니다.

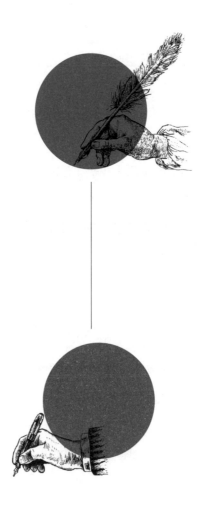

4.

그러므로
어려움에 관한
해답은

최근 몇 년 동안

밤낮으로 배가 아파 괴로운 사람이 있었습니다.

그가 여러 약을 먹고 신불께 기도를 드려도 좋아지지 않는 것은

과식에서 온 병을 얻었기 때문입니다.

신불께 정성을 다해 기도를 올리고 있으니

마땅한 보답이 있어야 한다는 논리는 성립되지 않습니다.

신께 기도를 하고 싶으면

자기 식사를 먼저 신께 바치고 나서 기도하도록 하십시오.

세 번 식사할 때마다

금식이라고 생각하고

두 번을 먹고 기도하십시오.

그렇게 하면 기도가 신께 닿을 것입니다.

선천적으로 질병이 많게 태어나 식이요법을 많이 하다 보니

맛에 대한 감각도 적고 음식 먹기가 즐겁지도 않다면

이것은 꼭 질병 때문이라기보다

자기 몸이 필요로 하는 양보다 더 먹어서일 수가 있습니다.

몸의 기운이 낮으니 소화 기능도 적을 것인데

조금씩이라도 더 먹어서 그런 것입니다.

음식의 양을 지금보다 조금 줄이면

모든 음식의 맛이 일어나

더 좋은 맛을 느끼고 병도 나을 것입니다.

고기를 좋아하고 많이 먹으면 마음이 탁해지는 것은

세상 만고의 이치입니다.

이런 사람은 나이 들수록 더 사납고 성질도 고약해집니다.

언제나 자기주장을 앞세우고 남을 이해하는 마음도 적은 데다

그마저도 점점 좁아져 곁에 남아나는 사람이 없습니다.

또한 배불리 먹고 육식까지 좋아하면서

배에 음식이 소화되는 신호를 허기진다고 착각해

금세 음식을 다시 채우기를 반복하니

그 성미는 거칠고 입에서 나오는 말도 함께 거칠어져

마음마저 옹졸해져 있으므로

작게는 가정을 다스릴 수도 없는 지경의 사람이 됩니다.

가정을 다스리지 못하는 이가

자신의 가업을 세우는 데 필요한 사람들을 어떻게 다스리겠습니까.

그러니 출세나 부귀영화와는 거리가 먼 인생을 살게 되는 것입니다.

고기를 많이 먹어서가 아니라

원래 세상에 태어나 사는 모든 이는

나이 들수록 희노애락(怒▽哀樂)을 겪을 수밖에 없으니

결국 부자나 가난한 사람 할 것 없이

'마음은 탁해질 수밖에 없는 것 아닌가?' 하고 묻는 이가 있습니다.

그러나 진정으로 사람을 탁하게 하는 것은 육식이니

고기를 먹고 나면 마음이 깨끗해지지 않는 것입니다.

땅에서 나온 것, 거친 음식과 채소를 먹고 나면

마음은 자연스레 맑아집니다.

이렇게 식사하면 마음도 함께 안정됩니다.

그래서 불교 수행자들이 세속에 물든
이를 부처님의 가르침으로 돕고자 하여
자신이 먼저 육식을 금하고 수행 정진을 하는 것입니다.
아무리 말하고 강조해도 오직 많이 먹지 않음으로
마음은 흐트러지지 않습니다.

하늘로부터 자신에게 할당된 음식을 잘 인식하고
부문별한 육식을 하지 않도록 하십시오.
고기가 앞에 있으면 순식간에 식욕이 생겨
무심코 먹다 보면 언제나 과식하기 쉽습니다.
이것이 벌써 마음이 흐트러진 결과입니다.

후손을 위해 유산을 남기기를 희망하고 있습니까?
이것을 달성할 수 있을지 궁금합니까?
딱 잘라 말해 이것은 크게 잘못된 생각입니다.

자식에게 유산을 남겨 주기 위해 계획하고 희망하는 것은
부모의 자비가 아닙니다.
이렇게 하면 자식에게 오히려 큰 원수가 되는 일입니다.
아무리 재산이 많아도 절제가 부족하면
금방 재산을 잃을 것이고 집안을 몰락시킬 것입니다.

자손의 번영을 바라고 희망한다면

첫째도 둘째도 부모가 먼저 정직을 기본으로 삼고

평소 절제하는 모습을 보여 스스로 배우도록 가르치고

식사를 낭비하지 않으며

그 자식 역시 식사를 낭비하지 않도록 철저하게 가르치는 일을

가장 큰 유산으로 삼아야 합니다.

이런 것을 바탕에 두고 자식에게

따스한 마음과 친근한 관계를 더 해가야 합니다.

이런 검소한 행위를 집안의 가훈으로 자식에게 물려주는 것이

가장 훌륭한 유산이며

진정으로 가치 있게 베풀어 줄 조상의 자비로움입니다.

결코, 배불리 먹지 말 것

초로(노년에 접어든 나이)에 접어들었지만

여전히 몸이 안정되지 못해도 장수하고 싶다면

마시는 것을 절제하고 그 양을 엄격하게 조절해야 합니다.

이것이 복록수(福祿壽 복과 행복과 수명)의 기본입니다.

기본이 흐트러지면 결과가 안정될 수 없는 것입니다.

그렇다면 금은보화보다 더 귀한 것이 음식입니까?

사람은 음식으로 생명을 유지합니다.

목숨이 없으면 부모에게 효도할 수 없고

처자식을 돌볼 수도 없겠지요.

세상에서 음식만큼 귀한 것은 없습니다.

사람이 생명과 함께 받은 것이 음식이기 때문입니다.

태어나서 죽을 때까지 먹고, 먹지 못할 때

수명이 다해 죽음에 이르는 것입니다.

자신이 받은 음식을 모두 먹어 치우고 나면

결국 본래의 모습으로 돌아가는 일로써 죽는 것입니다.

따라서 매번 한 입이라도 더 먹으면

그만큼 자신의 복록 (祿壽 행복과 수명)을 해친다는 뜻입니다.

절제하는 일이 곧 사람에게 복록수(福祿壽 복과 행복과 수명)를 지키는

유일한 방법입니다.

자신이 평가받을 때 좋은 결과를 얻고자 하는 사람이나

자신이 어떻게 될 것인가를 알고 싶다면

먼저 스스로 먹고 마시는 것을 절제하고

만전을 기해 이 실천을 3년 동안 지속하면

그 자신의 그릇의 크기는 저절로 드러나게 됩니다.

나는 항상 이 방법을 통해 자연의 운명을 스스로 체득하고
세상 사람들의 운명을 점쳐왔습니다.
이것이 바로 지금 내가 얻고 있는
관상 감정사로서의 명예를 가진 방법입니다.

스스로 실천하지 않고 어떻게 사람의 길흉을 감별할 수 있겠습니까?

결국 관상을 감별하는 탁월한 능력은
자기 자신의 겸손에 있다고 볼 수 있습니다.
이것 말고는 달리 표현할 아무런 말이 없습니다.

세기의 책들 20선
천년의 지혜 시리즈 NO.4

결코, 배불리 먹지 말 것 南北相法極意(口語版)

최초 출간일 1812년

초판 1쇄 인쇄	2023년 12월 6일
초판 7쇄 발행	2024년 1월 31일
지은이	미즈노 남보쿠
편저	서진
펴낸 곳	스노우폭스북스
기획·편집	여왕벌(서진)
도서 선정 참여	현성(최현성)
자료 조사	벨라(김은비)
마케팅 총괄	에이스(김정현)
SNS	라이즈(이민우)
커뮤니티	벨라(김은비)
미디어	형연(김형연)
유튜브	후야(김서후)
언론	테드(이한음)
키워드	슈퍼맨(이현우)
영업	영신(이동진)
제작	남양(박범준)
종이	월드(박영국)
경영지원	릴리(이세라)
도서 디자인 총괄	헤라(강희연)
마케팅 디자인	샤인(완선)
주소	경기도 파주시 회동길 527, 스노우폭스북스빌딩 3층
대표번호	031-927-9965
팩스	070-7589-0721
전자우편	edit@sfbooks.co.kr
출판신고	2015년 8월 7일 제406-2015-000159

ISBN 979-11-91769-54-8 03320
값 16,800원